心が落ち着く、遊びが広がる

ゆっこせんせいの

# かんたん手作り
# 布おもちゃ

## 〜布育のすすめ

さとうゆきこ

小学館

# も く じ

----

## 布育のすすめ

「布育」とは、布おもちゃを通して、子どもの心と体の成長・発達に寄り添う活動です。子どもは遊びの中で学び、さまざまな力を身につけていきます。その遊びを支えるもののひとつが、おもちゃです。なかでも、布おもちゃは乳幼児期の子どもたちにとって欠かすことのできないものです。

　布おもちゃの素敵なところ。それは「作れる」ということです。おもちゃを手作りしたら、絶対に「このおもちゃで遊んでほしい！」と思うはず。そうすると「楽しいね」「できたね」「もう1回やってみよう」などと自然に声をかけ、一緒に遊びたくなります。そして、うれしそうな様子や、夢中になって遊び育っていく姿を見て、子どものことがより一層愛おしくなってくると思うのです。

　本書では、布おもちゃを「心を育む布おもちゃ」と「手指・体を育む布おもちゃ」に分けて紹介しています。心を育む布おもちゃは子どもの心を癒やし、「ごっこ遊び」などの自発的な遊びを支えます。また、手指・体を育む布おもちゃは運動能力や手先の発達を支援します。

　素敵なおもちゃがあると、遊びが豊かになります。たっぷり遊んだ子どもは、心も体もすくすくと健やかに育っていきます。ふれているだけで癒やされる、見ているだけで笑顔になれる布おもちゃ。一緒に作って、一緒に遊んで、一緒に育てていきましょう。

**さとうゆきこ**（ゆっこせんせい）

4

- - - - - - - - - - - - - - - - - - - -

## 1章

# 心を育む
# おもちゃ

「にぎにぎ」や「ぬいぐるみ」「お人形」は、
まだ言葉で自分の気持ちを伝えられない
乳幼児期の子どもたちの
不安や恐れ・怒りなどの感情に寄り添い、
癒やしてくれることでしょう。
また、幼児期に大切な遊びのひとつが
「ごっこ遊び」です。
「ごっこ遊び」は自分以外の人になる遊び。
友達と一緒にその世界をつくり出し
役になりきって遊ぶことは、
思いやりの心や想像力・表現力など
さまざまな力を育みます。
布おもちゃは、そんな「ごっこ遊び」の
きっかけとなり遊びを支えます。

- - - - - - - - - - - - - - - - - - - -

# 布絵本「しっぽ」

布絵本は、なめたり引っぱったりしても大丈夫。自分でページをめくったり、手でさわって素材の違いを感じることができます。布絵本「しっぽ」のベースは、タオル1枚で作ることができるのも魅力。ロープや毛糸をしっぽに見立ててさわったり、引っぱったりして、布絵本ならではの仕掛けを楽しみましょう。

材料

浴用タオル 1枚、フェルト、ロープ、毛糸

作り方

**1** タオルを細長く横半分に折って、筒状に縫う。

**2** 縫い目を裏の中心にして、平たくつぶす。

**3** 6等分を目安に、各ページにフェルト（動物）としっぽを縫いつける（しっぽの作り方は7ページ）。

**4** ページを折りたたみ、ページの周囲を縫う。

**5** フェルトの背表紙を縫いつける。

# しっぽの
# 作り方

**ウサギ**
毛糸でポンポンを作り、縫いつける。

**ネズミ**
細いロープの先端を結んで、フェルトにはさんで縫いつける。

**ライオン**
ロープを縫いつけ、先端の約1cmのところを糸で縛り、先をほぐす。

**ウマ**
太めの毛糸4本を縫いつけ、ほぐす。

しっぽ

**ブタ**
ロープをくるんと巻いて、縫いとめる。

# つながるおさる人形

両手や両足についた面ファスナーで子ども
の腕や足につかまったり、しっぽでぶら下
がったりすることができる人形です。タオ
ルやフリースなどのフワフワした布を使うと、
肌ざわりもよくて抱き心地も抜群。子ども
たちの人気者になること、間違いなしです。

## 材料

布、フェルト、手芸用綿、面ファスナー、ボタン、ゴムひも

## 作り方

**1** 体用の布（15cm×18
cmのだ円形）2枚を中
表に重ね、返し口を残
して、周囲を縫う。

15cm
18cm
返し口

**2** **1**を裏返して手
芸用綿を詰め、
返し口を縫っ
てとじる。

**3** フェルトを顔、目、
耳の形に切って縫い
つけ、口は刺しゅう
して表情をつける。

**4** 手と足の布（15cm×3cm）2枚を
中表に重ね、返し
口を残して周囲を
縫う。これを4組
作る。

15cm
返し口

**5** **4**を裏返して
手芸用綿を詰
め、返し口を
縫ってとじる。

**6** **5**の先に直径2cmの面ファス
ナーを縫いつける。これを面
ファスナーのハー
ド面・ソフト面
各2組作る。

**7** 面ファスナーの
ハード面・ソフ
ト面を対にして、
体に手足を縫
いつける。

**8** しっぽの布（15cm×2cm）2枚を
中表に重ね、半分に折ったゴム
ひもを輪が内側になるようには
さみ、返し口を残して周囲を縫う。

返し口(2cm)　ゴムひも
15cm

**9** **8**を裏返して手芸用綿を詰
め、返し口を縫いとじる。

**10** 尻に**9**を縫いつけ、背中にしっぽ
をとめるボタンをつける。

8

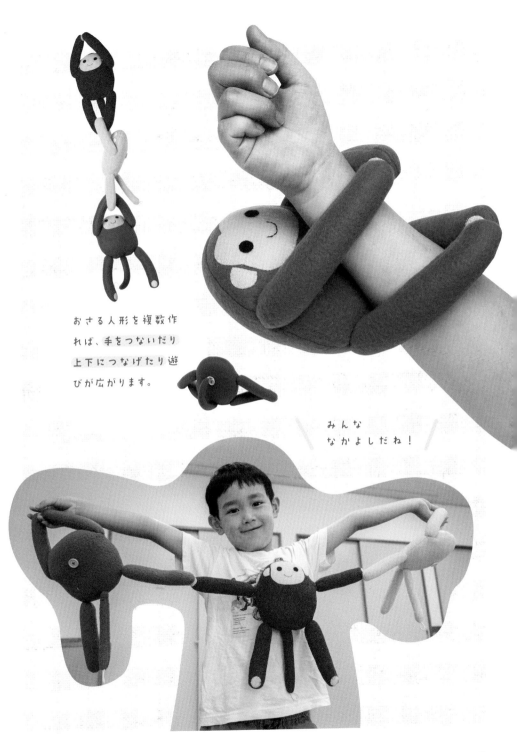

おさる人形を複数作
れば、手をつないだり
上下につなげたり遊
びが広がります。

みんな
なかよしだね！

9

# ねずみのにぎにぎ

タオルやガーゼなど、肌ざわりのいい布で「にぎにぎ」を作ってみましょう。
赤ちゃんは、しっぽのロープを引っぱったり、しゃぶったりするのも大好きです。
プラ鈴を入れると、音を聞いて、目で追ったり手を伸ばしたりしてより楽しくなります。

ねずみさん
でてきたよ

## 材料

タオルやガーゼなど柔らかい布（10cm×15cm）、手芸用綿、
フェルト（耳や目）適宜、ロープ（15cm）、プラスチック鈴1個

## 作り方

**1** 布を中表にして半分に折り、筒状に縫う。

**2** 布の端をぐるっと1周並縫いし、糸を引いてしぼってとめる。

**3** 2を裏返し、手芸用綿とプラスチック鈴を入れる。
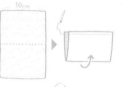

**4** ロープの両端に結び目を作る。

**5** 3の布の端をぐるっと1周並縫いし、縫いしろとロープの結び目の一方を内側に入れて、しぼってとめる。
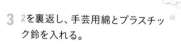

**6** 耳、目の形に切ったフェルトを、それぞれ縫いつける。

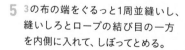

# ねずみの **おうち**

牛乳パックで作るねずみ専用の家です。ねずみのにぎにぎを入れ、顔を出したり隠したり、しっぽを持って引っぱり出したりして遊びます。お片づけの練習にもなりますね。

- - - - - - - - - - - - - - - - -

## 材料

牛乳パック（1リットル）2本、布（10cm×22cm程度）2枚、布粘着テープ、両面テープ

## 作り方

**1** 牛乳パックのふたと底を切り落とし、それぞれ9cmの長さに切る。

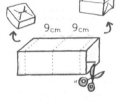

**2** 1の一辺を切り、ふたつの面を重ねて布粘着テープでとめ、三角柱にする。これを4つ作る。

**3** 2を組み合わせて布粘着テープでとめる。まわりに布を両面テープで貼ると、扱いやすく丈夫になる。

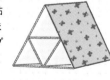

11

# Ｔシャツクッション「ハグちゃん」

子ども用の長袖Ｔシャツに
綿を詰めてとじるだけで簡単
にできるクッションです。大
きめのスナップをつければ、
いろいろなポーズができるよ
うになります。子どもがぎゅっ
と抱きしめたり、おんぶをし
たりするのにちょうどいい大
きさのクッションです。

おんぶも
できるよ

## 材料

長袖Ｔシャツ、手芸用綿、大きめのスナップボタン 4セット

## 作り方

**1** 長袖Ｔシャツを裏返
し、すそ・袖口を縫う。

**2** 表に返し、手芸用綿を
詰める。

**3** 首の開きを縫いとじる。

**4** 袖口と脇にス
ナップを縫い
つける。

スナップボタンの凸凹を
間違えないようにつけるのが
ポイントです。

袖の間に手を通して抱
えると、やさしくハグさ
れているようなあたたか
い気持ちになれる不思
議なクッションです。

# 赤ちゃん人形

着なくなったベビー服を利用して作る、とても簡単な赤ちゃん人形です。赤ちゃんサイズで、とても柔らかい人形なので、抱っこをするのにもちょうどいい大きさです。「布製の赤ちゃん人形を作ってみたいけれど難しそう…」という方も、ぜひチャレンジしてみてくださいね。

だっこして
あげるね

## 材料

ベビードレスやロンパースなどベビー服の古着、スムーズ生地（Tシャツ・肌着などでも可）、毛糸、フェルト、手芸用綿

## 作り方

1 スムーズ生地（18cm×21cm）を2枚合わせ、返し口を残して頭の形に縫う。

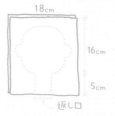

18cm

16cm

5cm

返し口

2 縫いしろ（約1cm）を残して切り落とす。カーブや角には切り込みを入れる。

3 返し口（首）から裏返し、手芸用綿を詰める。

4 毛糸を巻き中央を縛り、縫いつける。フェルト（目）を縫いつけて、口を刺しゅうして表情をつける。

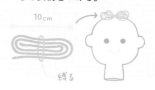

10cm

縛る

5 ベビー服の袖口・足口を縫いとじて、手芸用綿を詰める。

6 首部分をベビー服に入れて縫い、服の合わせも縫いとじる。

## 着せ替え遊びも
## OK !

本当の赤ちゃんとほぼ同じサイ
ズなので、スタイ・帽子など、ベ
ビー用の小物をそのまま着せ替
えのアイテムとして使えます。

## アドバイス

人形やぬいぐるみに使用するフェルトは、
洗っても縮まないウオッシャブルフェル
ト（洗えるタイプ）がおすすめです。

# クマのぬいぐるみ

手ざわりのやさしいフリースで、簡
単に作ることができるぬいぐるみで
す。ふわふわの感触が、抱っこす
る子どもたちの気持ちもやさしくし
てくれます。タオル生地で作っても
いいでしょう。
不安なとき、寂しいとき、泣いたり
怒ったりしたあとに、すっと寄り
添っていてくれるお友達のような存
在。子どもにとって、大切な「心の
パートナー」です。

ずっと
いっしょ
だよ！

## 材料

フリース生地（27cm×35cm タオルやトレーナーなどの厚手の生地でも可）2枚、
フェルト、手芸用綿

## 作り方

1 フリース生地を
中表に重ね、返
し口を残してク
マの形に縫う。

35cm

27cm 返し口

2 縫いしろ（約1cm）
を残し切り落とす。
カーブや角には切
り込みを入れる。

3 返し口から表に
返して、手芸用
綿を詰める。

4 返し口をとじ、切り
抜いたフェルトを縫
いつけ、口を刺しゅ
うして表情をつける。

たくさん
おともだちを
つくってね

## アレンジ

形・色・表情を変えると、いろいろ
な動物ができます。サイズを変え
て、親子を作ってもいいですね。

# タオルのぬいぐるみ

タオル1枚から簡単に作ることができるぬいぐるみです。形を変えていろいろな動物を作ったり、小さいサイズで作ってにぎにぎにしたりすることもできます。一人ひとりにお気に入りのぬいぐるみがあったら素敵ですね。

キリンさん
だいすき♡

## キリンのぬいぐるみ

材料

フェイスタオル（古トレーナーやフリースなどを利用してもOK）、フェルト（目）、ロープ（細）1本、ロープ（太）1本、手芸用綿

作り方

**1** タオルを中表にふたつ折りして、形を描く。

**2** 縫いしろを1cmつけて切り、図のようにロープをはさんで、返し口を残して縫う。

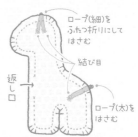

ロープ（細）をふたつ折りにしてはさむ

結び目

返し口

ロープ（太）をはさむ

**3** カーブや角になっている部分の縫いしろに切り込みを入れ、返し口から裏返す。

**4** 手芸用綿を入れ、返し口を縫いとじ、目を縫いつける。

## いろいろな動物が
## できます

キリンのぬいぐるみと同じ要
領で、いろいろな動物を作るこ
とができます。子どもの好きな
動物を作ってみましょう。

ウサギ
だよ!

## ミニサイズは
## にぎにぎに

小さいサイズで作って中に
プラスチック鈴を入れると、
にぎにぎになります。

# ウサギとネコのペア人形

1組の軍手から作ることができるウサギとネコの人形です。軍手の指の部分を利用して、ふたつの人形の耳や手足を作ります。

ネコちゃん
いっしょに
あそぼ！

## 材料

軍手1組、体用の生地2色（15cm×20cm）各2枚、
腕用の生地2色（8cm×10cm）各2枚、フェルト、手芸用綿

## 作り方

**1** 軍手を裏返して頭の形に縫ってから、余分な指（イラストの色のついた部分）を切る（切った部分8本が手足になる）。

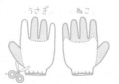

うさぎ　ねこ

**2** 軍手を表に返して手芸用綿を詰め、フェルトを縫いつけて、刺しゅうして表情をつける。

**3** 体用の生地を中表に合わせ、両脇と股を縫う。

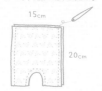

15cm

20cm

**4** 3を表に返し、手芸用綿を詰める。1で切り落とした軍手の指にも綿を詰める（足になる）。

**5** 体に4の足を入れて縫いとじる。

**6** 2の首の部分（軍手の手首部分）を体に入れて縫いとじる。

**7** 腕用の生地を中表にふたつ折りにして筒状に縫う。これをふたつ作る。

8cm

5cm

**8** 7を表に返して手芸用綿を詰め、片側に1で切り落とした軍手の指に手芸用綿を詰めたものを入れて縫いとじる。

**9** 8の腕を体に縫いつける。

## だっこをしたり、
## おんぶをしたり…

表情がはっきりしていて両手が動く「ウサギとネコのペア人形」は、子どもたちが親近感を持ち、お世話をしたくなる人形です。お世話する体験が、子どもたちのやさしいしぐさや心を育みます。

# カラフル食材

とてもシンプルなままごと用の食材です。しずく形は、イチゴ・トマト・リンゴ・ブロッコリー・ニンジン・ミートボールなど、半円形は、ギョウザ・パン・ハム・チーズ・魚・肉などに見立てて、想像力豊かに遊びましょう。おいしそうな色の布で、コツコツたくさん作ってくださいね。

## しずく形

材料

半円形の布（直径15cm）、手芸用綿

作り方

1 布を中表にふたつ折りして、扇形に縫う。

2 裏返して、手芸用綿を詰める。

3 端から約1cmのところを、ぐるっと1周並縫いする。

4 糸を引いて口をふさぎ、縫いしろを内側に入れてとめる。

## 半円形

材料

フェルト、キルト芯またはタオル

作り方

1 フェルトは直径10cmの円を1枚、キルト芯は直径8cmの円を2枚作る。

2 フェルトの中心にキルト芯2枚を置いて、ふたつ折りにする。

3 周囲を縫って完成。

# ままごと遊びの月齢・年齢別アドバイス

＊個人差がありますので、月齢はおおよその目安として参考にしてください。

### 0歳～

「モグモグ」「アムアム」など口をパクパク動かして食べるふりをして見せましょう。子どもがまねして、食材を口に持っていき、「食べるふり」をするようになったら、それが「初めてのままごと」です。

### 1歳～

食材をお皿に並べて、「どうぞ」「いただきます」などのやりとりを楽しんでみましょう。「先生と子ども」「お母さんと赤ちゃん」など、ちょっとした役割ができるようになってきます。

### 1歳後半～

形や色をもとに食材を食べ物に見立てて遊ぶようになります。「リンゴください」「ツルツルおいしいね」「にんじん食べてね」などの言葉も出て、想像力をふくらませて遊びます。

### 2歳～

「重ねる」「はさむ」「巻く」などの動作を伴ったままごと遊びをするようになってきます。食材を組み合わせて「おすし屋さん」「ハンバーガー屋さん」「ピクニックごっこ」など、場面を想定したごっこ遊びも楽しめます。

# ままごと食材 1

パンやごはんをベースに組み合わせが広がる「食材」を手作りしましょう。「食材」を何に見立てるかは子どもによっていろいろ。「おいしそうな色」の布を選ぶこと、月齢に応じた大きさで作ることがポイントです。ままごと遊びに欠かせない「食材」を手作りしてみましょう。

ハンバーガー
いただきます！

## パン

**材料** 茶色のフェルト（直径15cm）1枚、白のフェルト（直径8cm）1枚、手芸用綿

**作り方**

**1** 茶色のフェルトのまわりを並縫いし、糸を引いて縮める。

**2** 手芸用綿を詰める。

**3** 白のフェルトをふたをするようにかぶせ、縫いつける。

## ハンバーグ

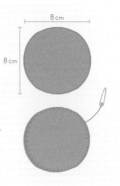

8cm
8cm

**材料** 茶色のフェルト4枚

**作り方**

**1** フェルトをハンバーグの形に切る（4枚同じ形に）。

**2** 4枚のフェルトを重ねて縫い合わせる。

## チーズ

**材料** 黄色のフェルト2枚

**作り方**

7cm
7cm

2枚のフェルトを縫い合わせる。

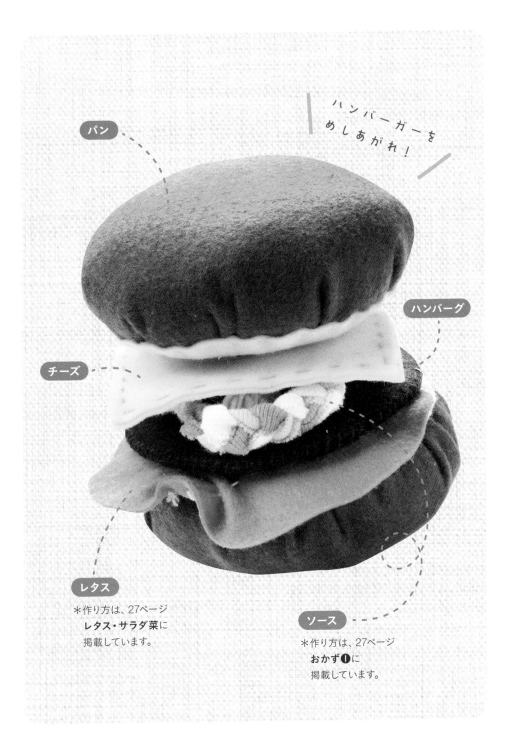

ハンバーガーを
めしあがれ！

パン

ハンバーグ

チーズ

レタス
＊作り方は、27ページ
**レタス・サラダ菜**に
掲載しています。

ソース
＊作り方は、27ページ
**おかず❶**に
掲載しています。

# ままごと食材 2

ごはんにのせよう

おかず❶

たまご焼き
**チーズ**（24ページ）を
ふたつ折りしました。

のり

ごはん

## ごはん

材料　白いタオル生地（10cm×15cm）1枚、手芸用綿

作り方

**1** タオル生地をふ
たつ折りにして、
筒状に縫う。

**2** 布端をぐるっと1
周並縫いし、糸
を引いてしぼっ
てとめる。

**3** **2**を裏返して
手芸用綿を
詰める。

**4** 布端をぐるっと1周並縫いし、
糸を引いてしぼる。縫いし
ろは内側に入れてとめる。

## のり

材料

面ファスナーがくっつく黒の布（3cm×22cm）1枚、
面ファスナーのハード面（2.5cm×1.5cm ）1枚

作り方

黒の布の端に面ファスナーを
縫いつける。

レタス・サラダ菜

おかず❸

ごはん

おかず❶

おかず❷

## お か ず ❶　パスタ、おすしのネタ、各種ソースなど

### 材料
スムーズ生地3本（2cm×15cmくらい。伸縮性のある生地やTシャツ地でもOK。Tシャツの場合は横長に切って使う）

### 作り方
**1** 3本の布を束ねて結ぶ。

**2** 三つ編みして端を結ぶ。

## レ タ ス・サ ラ ダ 菜

### 材料
黄緑色のフェルト

### 作り方
**1** フェルトを葉の形に切る。

10cm
10cm

**2** 葉脈を並縫いし、糸を引いて少し縮めてとめる。

## お か ず ❷・❸　ソーセージ、フルーツなど

### 材料　カラー軍手、手芸用綿

### 作り方
**1** カラー軍手の指を切る。

**2** 指に手芸用綿を詰め、縫いとじて、スティック状にする。

**3** 手のひら部分を裏返して図のように縫う。表に返して手芸用綿を詰め、軍手の手首部のゴムを内側に折り込んで縫いとじてボール状にする。

# 着せ替え人形

手足が動かしやすいので、着せ替えがしやすい人形です。

子どもたちは、自分の着脱ができるようになったり、身近な小さな子が気になったりすると、着せ替えをはじめとするお世話遊びに興味が出てきます。

はじめは面ファスナーやゴムなどで着せ替えができるアイテムを用意してください。発達に合わせてスナップやボタン、袖のついた服なども加えていくとよいでしょう。

おきがえして
あげるね

## 材料

頭と手足用のスムーズ生地（Tシャツ・肌着などでも可）、
体用のプリント生地、フェルト、毛糸、手芸用綿

## 作り方

1 各パーツを中表に合わせ、返し口を残して縫う。
それぞれ縫いしろのカーブ、角の部分に切り込みを入れる。

頭

体　返し口
6cm

手足　返し口

10cm

12cm

11cm

5cm

返し口　6cm

12cm

4cm

2 それぞれ表に返して手芸用綿を詰める。髪、顔のつけ方は赤ちゃん人形（14ページ）と同じ。

3 体に2の首部分と手足の部分を縫いつける。おむつをつけやすいように、両足は離してつける。

保育室に裸んぼうのままの人
形があると、寒そうでちょっと
かわいそうですね。
ここでは人形の体に、プリント
生地を使いました。そのままで
もお出かけOK、アイテムを1
枚着せるだけでも素敵な着せ
替えが完成します。

なにを
きようかな？

## スタイ

### 材料

布（直径11cm）、ゴムひも（20cm）

### 作り方

1 円形の布を中表にふたつ折りにして、折り目から2.5cmずつ残して周囲を縫う。

2.5cm    2.5cm
11cm

2 1のすきまから裏返し、ゴムひもを通して輪になるように結ぶ。

## ベビー服

### 材料

布、面ファスナー

| 4cm 7cm 4cm | 4cm 5cm | 5cm 4cm |
|---|---|---|
| 後ろ身ごろ 2枚 20cm | 右前 身ごろ 2枚 | 左前 身ごろ 2枚 |
| 15cm | 9cm | 9cm |

### 作り方

1 後ろ身ごろ、右前身ごろ、左前身ごろ、それぞれ2枚ずつ用意する。

2 それぞれ身ごろ1枚ずつをイラストのように合わせ、肩を縫い合わせる。これを2組作る。

3 2の2組を中表に合わせ、返し口（6cmくらい）を残してぐるりと縫う。縫い終わったら、返し口から表に返して、返し口を縫いとじる。

返し口

4 両脇を縫い、前身ごろの合わせに面ファスナーをつける。

### アレンジ

長さを変えたり、袖をつけたり、アレンジしてみてください。小物はフェルトや不織布を使うと、ほつれが出ないので簡単です。

# おむつ

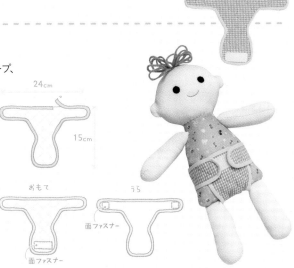

**材料**
キルティング生地、バイアステープ、
面ファスナー

**作り方**

**1** おむつの形に切ったキル
ティング生地の周囲をバイ
アステープでくるんで縫う。

**2** 表側と裏側それぞれ、イラ
ストの位置に面ファスナー
（表側にソフト面、裏側に
ハード面）を縫いつける。

24cm

15cm

おもて　　　　　うら

面ファスナー

面ファスナー

# スカート

**材料**
布、ゴムひも（25cm）

**作り方**

**1** 布（15cm×35cm）を
中表にふたつ折りし、
筒状に縫う。

**2** 上部を1.5cm折り返し
て縫う。このとき、ゴ
ム通し口（2cm）をあ
けておく。すそは1cm
折り返して縫う。

**3** ゴム通し口からゴム
ひもを通し、輪にし
て結ぶ。

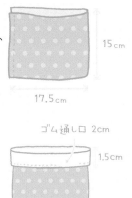

15cm

17.5cm

ゴム通し口 2cm

1.5cm

1cm

**アレンジ**

長さや色柄を変えて何種類かを
作っておくと、選ぶ楽しさも増しま
す。リボンやレースをつけると雰囲
気もガラリとチェンジ！

おやすみ
なさい

保育室にある人形やぬいぐるみのためのアイテムがあれば、自然とお世話が始まるでしょう。「赤ちゃん、ねんねしたいんだって」「おしっこ出ちゃったかな？」など、お世話につながるような言葉かけをして遊びましょう。

## おむつ

**材料**

ハンドタオル ★（約30cm×30cm）1枚、
綿テープ ★（2cm幅×50cm）、面ファスナー（14cmくらい）

**作り方**

**1** ハンドタオルを半分に折って三辺を縫う。

**2** 上と下に、綿テープと面ファスナー（ソフト面）をそれぞれ縫いつける。綿テープの両端に面ファスナーのハード面を縫いつける。

## ふとん

**材料**　手ぬぐい★1枚、古タオル2枚

**作り方**

**1** 古タオル2枚をふたつ折りにして重ねる。

**2** 手ぬぐいにはさんで周囲を縫う。古タオルがはみ出る場合は適当な大きさにカットする。

## スタイ

### 材料

タオルハンカチ★（約20cm×20cm）1枚、ゴムひも★（40cm）

### 作り方

**1** ハンカチを図のように折って、上から2cmのところを縫う。

ゴム通し口
2cm
11cm

**2** ゴムひもを通して結び、結び目はハンカチの中に入れる。

## おんぶひも

### 材料

ランチョンマット★（約20cm×30cm）1枚、
ゴムひも★（約25cm）
綿テープ★（2cm幅×80cm）2本、
ロープ★（10cm）2本

### 作り方

図のように、ランチョンマットに綿テープ、ロープ、ゴムひもを縫いつける。

綿テープ

ゴムひも　　ロープ

### 背負い方

**1** ゴムひもに人形をはさむ。

**2** 背負って綿テープをたすきがけにし、ロープの穴に通す。

**3** おなかの前で結ぶ。

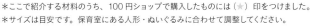

＊ここで紹介する材料のうち、100円ショップで購入したものには（★）印をつけました。
＊サイズは目安です。保育室にある人形・ぬいぐるみに合わせて調整してください。

簡単な衣装を手作り
してみましょう。身に
つけるものがひとつあ
るだけで、なりきり
ごっこが始まります。

スカート

マント

スカート

## スカート

### 材料

カフェカーテン★
（約45cm×90cm～120cm）1枚、
ゴムひも★（50cm）

### 作り方

**1** カフェカーテンを中表にふたつ折り
にして筒状に縫い、棒通し部分にゴ
ムひもを通す。

**2** ゴムひもを結んで、
布を表に返す。

## マント

### 作り方

**1** テーブルセンターの布端（長い
ほう）を2cm折って縫い、ゴムひ
もを通して両端を輪にして結び
縫いとめる。

**2** 両端の表と裏の端に面
ファスナーを縫いつける。

表　　裏

### 材料

テーブルセンター★
（約45cm×90cm）1枚、
ゴムひも★（約50cm）、
面ファスナー（2cm×2cm）

＊ここで紹介する材料のうち、100円ショップで購入したものには（★）印をつけました。
＊サイズは目安です。保育室にある人形・ぬいぐるみに合わせて調整してください。

## 2章

# 手指・体を育む
## おもちゃ

柔らかくて洗濯もできる
「布おもちゃ」は、
赤ちゃんにとっても安心・安全。
布ボールを投げたり追いかけたり、
感触や音を楽しんだり…。
また、少し大きくなってからは、
ロープを通したり、ボタンをはめたり、
スナップボタンをつなげたり…。
手指を使って遊ぶ「布おもちゃ」も
子どもたちは大好きです。
夢中になって遊ぶうちに
手指・体の機能が
自然に育まれていきます。

# ナイロンタオルの **キャンディーヨーヨー**

水遊びに慣れていない子どもは、大きなプールや顔にかかる水に、ちょっとドキドキ。キャンディーヨーヨーは、スポンジに水をふくませてギュッとしぼったり、ゴムひもの輪っかに指を通し、ヨーヨーのようにピョンピョンさせて遊びます。ピョンピョン遊んでいるうちに、水しぶきにも慣れてきます。ビッグサイズを作れば、ダイナミックにも遊べますよ。

シャワーみたい

## 材料

ナイロンタオル1枚、スポンジ（食器洗い用）2〜3個、
輪ゴム2本、ゴムひも（25cmくらい）

## 作り方

1 スポンジ2〜3個を組み合わせて立方体を作り、角を切り落とす。

2 ナイロンタオルでくるくる巻く。

3 両端を輪ゴムでとめる。

4 ゴムひもを縫いつけて、指が通るような輪っかを作れば完成。

### 大きいサイズで作るときは…

大きな洗車用のスポンジを2個組み合わせて、大きな立方体を作ります。このスポンジを、あらかじめ縫い合わせた2枚のナイロンタオルで巻いて、両端を輪ゴムでとめます。ゴムひもはつけずに、両手で持って遊ぶといいでしょう。

## 赤ちゃんも
## 楽しめます

保育者が、高いところでピョン
ピョンさせたり、しぼったりし
て、頭・肩・背中などに水をか
けてあげましょう。

みずが
いっぱい！

# ゴロゴロいもむし

筒状に縫ったフリースにもぐって、いもむしになってみよう！
コロコロ転がったり、モコモコ進んだり…。暖かいフリースに包まれるだけで、子どもたちの体も心も、ほんわかあたたかくなってくるはず。フリースのほか、バスタオルや古くなった大人用のトレーナーの袖を切って作ってもいいでしょう。

すっぽり！

## 材料

フリース、バスタオルなどの厚手の柔らかいい布（100cm×45cm）2枚、ゴムひも（40cm）2本

## 作り方

**1** 2枚の布を中表に合わせ、左右を上部25cmを残して縫い合わせる。

25cm

**2** 上部・下部、それぞれ2cm折り返して、ゴム通し口をあけて縫う。腕を通す袖は（21cm幅）をあけておく。

上　　　　　2cm
21cm　　　　21cm
下　　　　　ゴム通し口　2cm

**3** 上部・下部、それぞれゴムひもを通し、輪に結ぶ。

ゴロゴロ

ゴロゴロ

ゴロン！

いむもしって、
こんなうごきだよ！

# フルーツまと当てゲーム

投げたボールがフルーツに当たると
くっつき、外れると落ちてしまうユ
ニークな「まと当てゲーム」です。「ど
のくだものが食べたいかな」などと、
子どもたちに声かけをして遊んでみま
しょう。当てた数を競ったり、フルー
ツごとに点数をつけるなどのルール
を作っても楽しいですね。

## まと

### 材料

キルティングなど厚手の布
（約100cm×100cm）、
面ファスナー（ハード面）がくっつく布
各色適宜、
ひも（40cm）5本

＊フルーツは、面ファスナーのハード面がくっ
つく特殊な布を使って作ります。生地の表面に細
かな起毛がある布で、手芸店などで購入できます。

### 作り方

1 面ファスナーがくっつ
く布をフルーツの形に
切り、キルティング生
地に縫いつける。

2 キルティング生地のま
わりを縫って、上部に
ひもを縫いつける。

くだものは大きめに作るのがポイ
ント。キルティング生地の余白が
多いほど、遊びが難しくなります。

## ボール

### 材料

18cmの丸い布、
面ファスナーのハード面
（4cm×4cm）、
手芸用綿、輪ゴム

### 作り方

1 ボール用の布の
中心に面ファス
ナーを縫いつける。

―18cm―

輪ゴム

2 1を裏返して手芸用綿
をのせ、てるてる坊主の
ように包んで輪ゴムで
とめる。

背景のキル
ティングには
ボールがくっ
つきません。

ピタッ

フルーツには
ボールがくっ
つきます。

ボールを投げることが難
しい場合は、床に的を広
げてみましょう。ボトンと
落としても、コロンと転が
しても楽しく遊べます。

41

# ふわふわ布ボール

布でできたボールはゆっくり転がるので、ハイハイやよちよち歩きの赤ちゃんに最適です。「でも、手作りするのは難しそう…」なんて思っていませんか？　ふわふわ布ボールの型紙は、丸だけです。作ってみると、とっても簡単です。ぜひ、いろいろな大きさのふわふわ布ボールを作ってくださいね。

## 材料

丸く切った布（直径12cmの円）12枚、手芸用綿、フェルト（2cm×4cm）6枚

## 作り方

**1** 丸く切った布を中表にして合わせ、約5mm内側を縫う。裏側になるほうの布の中央に、約2cmの切り込みを入れる。

**2** 切り込みから裏返して、手芸用綿を入れる。

**3** 切り込みにフェルトを当てて縫う。これを6個作る。

**4** 裏側の上下左右4か所に印をつけ、絵のように印を合わせ、サイコロを作るように縫う。

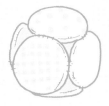

アップリケを
しても
いいですね。

## かわいい音がするよ

ビーズなどを入れたカプセル容器を布ボール
の中に入れてから縫うと、振ったり転がし
たりしたときに音が出る布ボールになります。

# やわらかボウリング

布のボールを転がして、カラフルな布のピンを倒して遊ぶボウリングです。投げる位置を少しずつ遠くして、遊んでみましょう。布のボウリングは大きな音がしないので、階下のクラスや乳児のお昼寝などを気にすることなく遊ぶことができます。

たおれたよ！

## ピン

### 材料（1本分）

布（半径30cm・中心角90度）、手芸用綿、
丸いフェルト（直径5cm）1枚

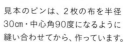

見本のピンは、2枚の布を半径30cm・中心角90度になるように縫い合わせてから、作っています。

### 作り方

**1** ピン用の布を中表に半分に折り、直線部分を縫い合わせる。

**2** 1を裏返し、手芸用綿を詰めて周囲をぐるっと並縫いする。

**3** 2の糸を引いて縮め、縫いしろを内側に入れてとめる。

**4** 底に丸いフェルトを縫いつける。

布のボールを上手に転がせない場合は、室内用滑り台やダンボールなどで坂を作って、上からボールを転がすのもおすすめ。ボールにスピードが出て、ピンが倒れやすくなります。

# ボール

----------

## 材料（1個分）

布（20cm×35cm）、手芸用綿、丸いフェルト（直径3cm）2枚

ボールの綿はしっかり硬めに詰めるのがポイント。綿が少ないと勢いよく転がらず、ピンが倒れにくくなります。市販のボールを使ってもいいでしょう。

## 作り方

**1** ボール用の布を中表に半分に折り、筒状に縫う。

**2** 1の上部をぐるっと並縫いし、糸を引いてとめる。

**3** 2を裏返し、手芸用綿を詰める。

**4** 2と同様に並縫いして糸を引き、縫いしろを内側に入れてとめる。

**5** 上下に丸いフェルトを縫いつける。

# くだものボール

くだもののボールの基本形はミカンボールです。形・サイズ・素材をアレンジして、いろいろなくだもののボールを作ってみましょう。たくさんくだもののボールを作れば、ボール遊びのほかにも、ままごとやお店やさんごっこなどの遊びができます。

## ミカンボール

材料　布（11cm×25cm）、フェルト（直径2cm）2枚、
　　　〈共通〉ロープ（12cm）、手芸用綿、プラスチック鈴

作り方

**1** 布を中表にふたつ折りして、筒状に縫う。

**2** 布端をぐるっと1周並み縫いし、糸を引いてしぼってとめる。多少すきまができても、フェルトでふさぐので大丈夫。

**3** 裏返して、手芸用綿とプラスチック鈴を詰める。布端をぐるっと1周並み縫いし、縫いしろを内側に入れてしぼってとめる。

**4** ヘタの形に切ったフェルトの中央に目打ちなどで穴をあけ、ロープを通して抜けないように結ぶ。

**5** 4のロープの結び目を3の中心のすきまに入れ、フェルトを縫いつける。反対側にも丸く切ったフェルトを縫いつける。

## リンゴボール

**材料**

布（サイズはイラスト参照）4枚、
フェルト（直径2cm）、
ミカンボール〈共通〉のもの

8cm
15cm
6cm

作り方

**1** 表面に縫いしろが出ないよう布4枚をイラストのように縫い合わせる。

**2** 1の両端を中表に縫い合わせて筒状にする。以下、ミカンボールの2〜5と同じ要領で仕上げる。

布はフリースやスムーズ（Tシャツやトレーナーの生地）など、
伸縮性のあるもの、フェルトは洗えるタイプを使いましょう。

# イチゴボール

## 作り方

**1** 中表にふたつ折りして一辺を
並縫いする。

**2** 裏返して手芸用綿とプラ鈴を
詰め、縫いしろを内側に入れ
てしぼってとめる。

**3** 以下、ミカンボール**4・5**と同じ
要領でロープ、ヘタをつける。

### 材料

布（直径32㎝の半円）、
フェルト（10㎝×10㎝）1枚、
ミカンボール〈共通〉のもの

32㎝

# ブドウボール

## 作り方

**1** 布に直径4㎝の円を描
く（隣の円との間隔は
1～2㎝くらいに）。

### 材料

布（直径40㎝の半円）、
フェルト（直径2㎝）、
ミカンボール〈共通〉のもの

直径
4㎝　　間隔
1～2㎝

40㎝

**2** **1**の円を並縫いして引きしぼり、丸く
なった部分に手芸用綿を詰めて、さら
にしぼって縫いとめる。ほかも同様に。

**3** 以下、イチゴボー
ルの**1**～**3**と同じ
要領で仕上げる。

# ハンドタオルの動物パペット

指人形は、子どもたちの大好きなおもちゃのひとつ。ハンドタオルに切り込みを入れて、顔をつけるだけの簡単パペットを作ってみましょう。保育者が手にはめて、子どもたちとの会話を楽しんだり、小さな子でも指を入れて楽しく遊ぶことができます。自然と言葉が出てきて、会話が広がるおもちゃです。

ウサギちゃんだよ

**材料** ハンドタオル、フェルト

**作り方**

**1** フェルト2枚を動物の形に切り、顔を刺しゅうする。ウサギのほかはフェルトも縫い表情をつける。

**2** 首の部分を幅6cmくらい残して、2枚を縫い合わせる。

**3** ハンドタオルを三角に折り、中心に6cm切り込みを入れる。

**4** 顔とハンドタオルの切り込み部分を重ねて縫う。

**5** 腕と体の境目を作るように縫い目を入れる。

48

ウサギ

こんにちは！

ブタ

ゾウ

# つながるベルト

保育者が「つながるベルト」をつなげると、子どもたちもまねをして、どんどんベルトをつなげていきます。手首に巻いて腕時計にしたり、たくさんつないでベルトにしたり、輪つなぎにしてネックレスにしたり、とってもシンプルなボタンのおもちゃですが、遊び方は自由自在です。

へんしんベルトにしようかな

## 材料

布（6cm×22cm）＊フェルトの場合（2.5cm×20cm）、ボタン（18mmくらい）

## 作り方

1 布を中表に細長く横半分に折り、筒状に縫う。

2 裏返して、両端を内側に折り込んでまわりを縫う。

3 ボタンホールを作り、反対側にボタンをつける。

## フェルトを使うと
## 簡単です！

フェルトを使えば、二重にする必要が
なくボタンホールも切り込みを入れる
だけなので簡単です。ただし、フェル
トは伸びやすいので、全体とボタン穴
の周囲を縫って丈夫にしましょう。

こんなに
つながっ
たよ！

オシャレ
でしょ！

# ベビーブレスレット & ベビーアンクレット

赤ちゃんの手首や足首につけるブレスレット & アンクレットです。足首につけると手でさわろうとするので、全身運動になります。もし、子どもが嫌がるようだったらやめましょう。1・2歳児は腕時計や変身グッズに見立てて、ごっこ遊びにも使えます。

## 材料（1個分）

布（10cm×20cmくらい）、綿テープ（2cm幅×20cmくらい）、面ファスナー（1.5cm×2cm）、プラスチック鈴、手芸用綿、フェルト（クマの場合）

## 作り方

**1** 布を中表にふたつ折りにして、顔の形に縫う。

**2** 周囲5mmを残して、切り落とし、角やカーブに切り込みを入れておく。1枚だけ、顔の中央に2cmの切り込みを入れる。

1枚だけ切り込み

**3** 顔の中央の切り込みから裏返し、切り込みから手芸用綿・プラスチック鈴を入れて縫いとじる。

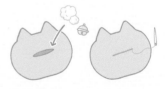

**4** 顔の表情を刺しゅうする（クマの場合、フェルトを縫いつける）。

**5** 綿テープの両端に面ファスナー（ハード面とソフト面）を縫いつけ（向きに注意）、**3**の縫い目を覆うように縫いつける。

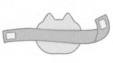

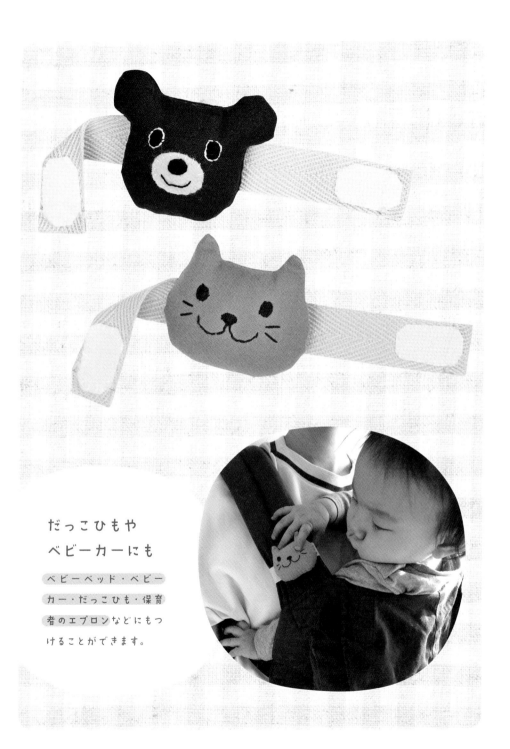

だっこひもや
ベビーカーにも

ベビーベッド・ベビー
カー・だっこひも・保育
者のエプロンなどにもつ
けることができます。

53

# おひさまガラガラ

赤ちゃんは顔が大好き。目の前に見えた顔を追視するのは、赤ちゃんの特徴のひとつです。はっきりした顔のついた「おひさまガラガラ」は赤ちゃんのお気に入りのおもちゃになってくれるでしょう。

おひさま
にっこにこ

## 材料

おひさま用の布（直径12cm）2枚、にぎり棒用の布（12cm×12cm）1枚、
リボン（6cm 水洗いしても色落ちしないもの）7本、フェルト、プラスチック鈴、手芸用綿

＊おひさまとにぎり棒を作り、最後にドッキングします。

## おひさま

作り方

1 おひさま用の布2枚を中表に合わせ、イラストのようにリボンをふたつ折りにしてはさむ。返し口を残してイラストのように縫う。
　＊リボンは折り目が内側になるようにはさみましょう。リボンのところは、特に細かくしっかり縫います。

2 返し口から裏返し、手芸用綿とプラスチック鈴を入れる。

3 口を刺しゅうして、フェルトの目を縫いつける。

## にぎり棒

作り方

1 にぎり棒用の布を中表にふたつ折りにして、筒状に縫う。

2 布の端をぐるっと1周並み縫いし、縫いしろを内側に入れてしぼってとめる。

3 2の上下を返して、手芸用綿をしっかり詰める。

最後に

おひさまの返し口に、にぎり棒を差し込んで縫いとじる。

リボンタグの
感触も楽しい！

## 布おもちゃを手洗いする方法

布のおもちゃは、洗濯できるのも素敵なところ。布おもちゃを洗濯す
るときは、洗濯用洗剤を使用して手洗いするのがおすすめです。念
入りにすすいだあと、形を整えて干しましょう。手芸用綿が多いもの
やプラスチック鈴が入っているものは、特にしっかりと乾かします。

# ベビーマラカス

小さな子どもは、音の出るおもちゃが大好きです。綿に包まれたプラ鈴のやさしい音色は、みんなで鳴らしてもうるさくならず、0・1・2歳児の部屋におすすめです。マラカスの先端につけたゴムひもを手首にかけると、落ちにくくなりますよ。ゴムひもを上から吊るし、揺らして音を楽しむこともできます。

リンリンリン♪

## 材料

布（半径15cm・120度の扇形）、
プラスチック鈴、
ゴムひも、手芸用綿

**プラスチック鈴がないときは…**
ペットボトルのふたを2個合わせた内側に
ビーズを入れてビニールテープでとめる。

## 作り方

1 布を中表で半分に折り、一辺を縫う。

2 裏返して、手芸用綿・プラスチック鈴を詰める。

3 端から約1cmのところをぐるっと1周並縫いする。

4 糸を引いて口をふさぎ、縫いしろを内側に入れてとめる。

5 ゴムひもを輪にして縫いつける。

やさしい
音がする

カラフルな布がおすすめ
です。アップリケをしたり、
子どもたちが大好きな
キャラクターの生地を使
うのも楽しそうですね。

## アレンジ

赤や緑の布を使えば、クリスマス
のオーナメントとしても使えます。

# 軍手おもちゃ『こぶたぬきつねこ』

軍手の指先に、フェルトシールを貼るだけの簡単おもちゃです。保育者が演じて見せてあげると、子どもは自分で演じてみたくなるはず。指を1本ずつ動かしてみるきっかけになります。ぜひ、子ども用軍手のミニサイズも作ってあげてください。

## 材料

軍手、フェルトシール（フェルトと両面テープで代用してもOK）

## 作り方

**1** フェルトシールで、直径2cmくらいの大きさの動物の顔を作る。

**2** 軍手の指先に貼る。

---

**アレンジ**

ほかの歌や物語をモチーフにアレンジするのも楽しいですよ。

桃太郎　イヌ　サル　オニ　キジ

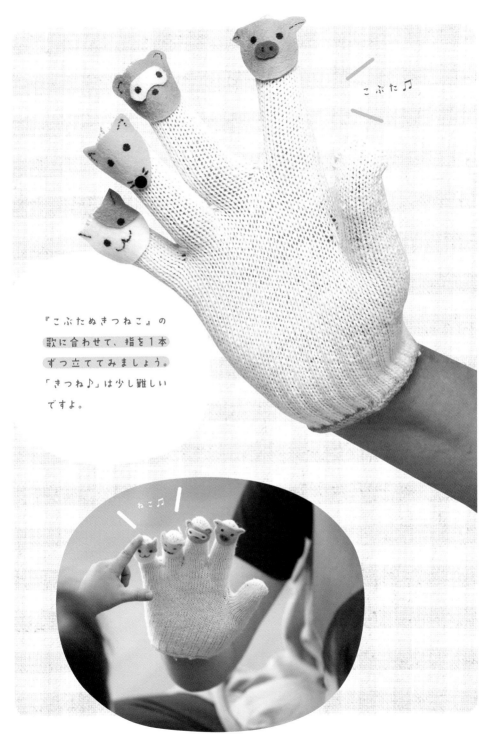

こぶた♬

『こぶたぬきつねこ』の
歌に合わせて、指を1本
ずつ立ててみましょう。
「きつね♪」は少し難しい
ですよ。

ねこ♬

# サカナのひも通し

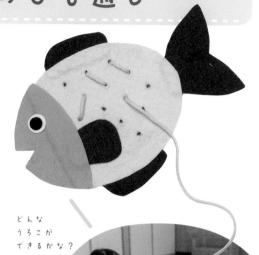

ダンボールに穴をあけただけの簡単なおもちゃですが、フェルトを貼ることでかわいく丈夫になります。ひも通し遊びは、(1)穴にひもを入れる、(2)反対側から引っぱり出す、というふたつの動作の連続です。保育者がやって見せたり、「ここに入れてみよう」「こっちから引っぱってごらん」などと声をかけながら、遊びを始めるといいですね。

どんな
うろこが
できるかな？

材料

ダンボール、フェルト、とじひも

作り方

1 ダンボールとフェルトをサカナの形に切って、手芸用（または木工用）の接着剤で、ダンボールの両面に貼る。

2 千枚通しで穴をあける。

3 とじひもの片側に大きめの結び目を作って、穴に通す。

---

## アレンジ

チョウの形に作って、羽の模様を作るのもいいですね。

# クリスマスリースのひも通し

リース型に切ったダンボールにクリスマス柄の布を貼り、穴をあけただけの簡単おもちゃです。穴から穴にひもを渡し、模様を作って遊びます。カラフルなひもを使えば、華やかなクリスマスの飾りになります。ダンボール＋接着剤＋布で作るので、とても丈夫でくり返し遊べます。

## 材料

ダンボール、緑またはクリスマス柄の布、ひも

## 作り方

**1** ダンボール、布2枚をリングの形に切る。

7cm
15cm

**2** ダンボールの両面に布を手芸用（または木工用）接着剤で貼る。

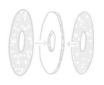

**3** 千枚通しで穴をあける。

**4** ひもの片側に大きめの結び目を作り、もう片方の端はセロハンテープを巻いて硬くする。
＊とじひもを使うと便利です。

## アレンジ

クリスマスツリー型にアレンジすることもできます。

# カメのソフト積み木

親ガメ・子ガメ・孫ガメを重ねて積んだり、頭やグーに握った手にかぶせたりなど、いろいろな遊びが楽しめます。大きさの違いやバランス感覚などを、遊びの中で体験しましょう。

じょうずに
おんぶ
できた
かな？

**材料**

布（緑・緑の柄・クリーム色や白など）、
手芸用綿、フェルト

**作り方**

**1** 緑と緑の柄の布を、扇形（半径12cm・60度）に各3枚切る（全部で6枚）。

**2** 1を交互に縫い合わせて、円を作る。このとき、一部を返し口としてあけておく。

**3** クリーム色や白い布で足（8枚）、頭（2枚）、しっぽ（2枚）を切る。それぞれ中表に重ね、返し口を残して縫い合わせる。

返し口(6cm)  返し口(5cm)  返し口(4cm)
7cm 頭   6cm 足   6cm しっぽ

**4** 3を裏返す。頭には少量の手芸用綿を入れ、刺しゅうで目をつける。

**5** 丸く切ったクリーム色の布（直径23cm）と 2 を中表に重ね、頭、足、しっぽをはさむ。頭、足、しっぽの向きに注意。

**6** 1周並縫いし、糸を引いて縮め、半球体にする。

**7** 2の返し口から裏返し、少量の手芸用綿を入れて返し口をとじる。このとき、おなかと甲らを中心で縫いとめる。

**8** 甲らに緑のフェルト（1辺3cmの六角形）を縫いつける。

〈小さいサイズ〉緑、緑の柄の布は半径6cm・60度の扇形に、クリーム色の布は直径11cmに。
〈中くらいのサイズ〉緑、緑の柄の布は半径9cm・60度の扇形に、クリーム色の布は直径17cmに。
頭、足、しっぽ、緑のフェルトの六角形もそれぞれ小さくする。

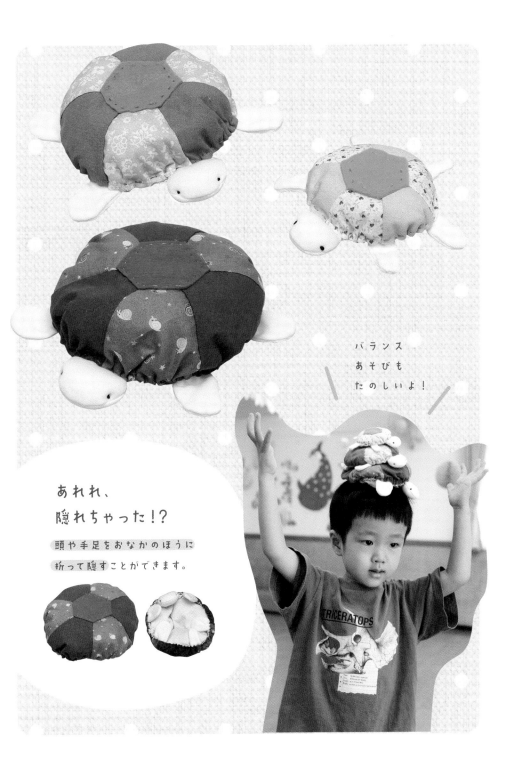

バランス
あそびも
たのしいよ!

あれれ、
隠れちゃった!?

頭や手足をおなかのほうに
折って隠すことができます。

# タマゴからヒヨコ

タマゴを裏返すと…、ヒヨコが生まれたよ！
はじめは、保育者が手品のようにやって見せましょう。手首を上手に使って「裏返す」という動作を、遊びの中で体験していきたいですね。

## 材料

白と黄色の布（フリースやタオル地がおすすめ）、フェルト、手芸用綿

## 作り方

**1** 白い布（12cm×9cmの卵形）2枚を中表に重ね、返し口を残して周囲を縫う。

**2** 黄色の布（10cm×9cmのひよこ形）2枚を中表に重ね、フェルトの口ばしをはさんで、返し口を残して周囲を縫う。

**3** **2**を裏返して**1**を中に入れ、返し口を合わせる。一部を残して、ぐるっと縫い合わせる。

**4** イラストのように**3**のヒヨコとタマゴの間に少量の手芸用綿を入れ、縫ってとじる。

**5** ひよこにフェルトの目を縫いつける。

タマゴ
から…

なにが
でてくるかな？

ヒヨコ
だよ！

ピヨピヨ
こんにちは！

指にはめれば、指人形
にもなります。

# ボタンとひもの形遊びマット

マットにボタンをつけただけの簡単布おもちゃです。ひもをかけて、いろいろな形を作ってみましょう。見本の図形をまねしたり、友達同士で「これできる?」と問題を出し合うのも楽しいですね。「目で見た形を再現する力」は、文字・数字や図形への興味につながります。

材料

キルティング生地（40cm×30cm）、
バイアステープ、ボタン20個、ひも

作り方

**1** キルティング生地にボタンを縫いとめる。

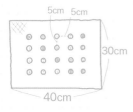

5cm　5cm
30cm
40cm

**2** キルティング生地の周囲を、バイアステープでくるんで縫う。

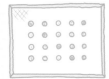

ひもの端に輪を作ってボタンにかけ、いろいろな形を作って遊びます。

土台のマットは、市販のランチマットなどを利用してもOK。

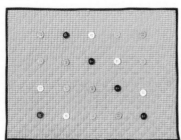

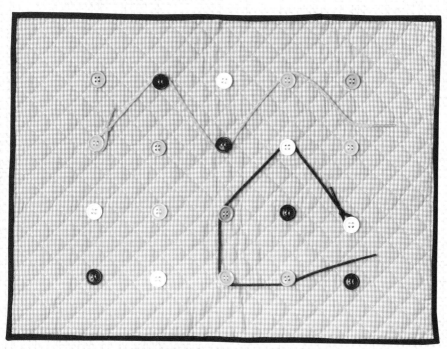

なにが
できるかな？

## 遊びのヒント

図形や家、星などを作って
写真に撮り、見本帳を作っ
ておいてもいいでしょう。

# 布スティック

両側にスナップボタンをつけた布のスティックです。両側に凸凹のスナップボタンがひとつずつついているので、スティックのどちら側ともつなぐことができます。1か所に3本以上のスティックをつなげば、より立体的なものを作ることができます。スティックがたくさんあると、ダイナミックな遊びにも広がりやすいですよ。

おうちを
つくろう！

材料

布（大50cm×15cm）、布（小25cm×15cm）、
フェルト（直径4cm）、スナップボタン（直径14mm）、手芸用綿

作り方

1 大小の布を中表に細長く折り、筒状に縫う。ミシンを使うと早くできます。

2 1を裏返して、両側から手芸用綿を詰める。ものさしなどを使って、奥からしっかり詰めましょう。

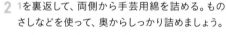

3 端をぐるっと1周並縫いし、縫いしろを内側に入れて糸を引いてとじる。反対側も同様に。

4 3でとじた部分にかぶせるように両側に丸いフェルトを縫いつけてから、スナップボタンの凸凹を並べて縫いつける。

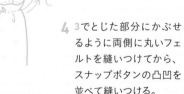

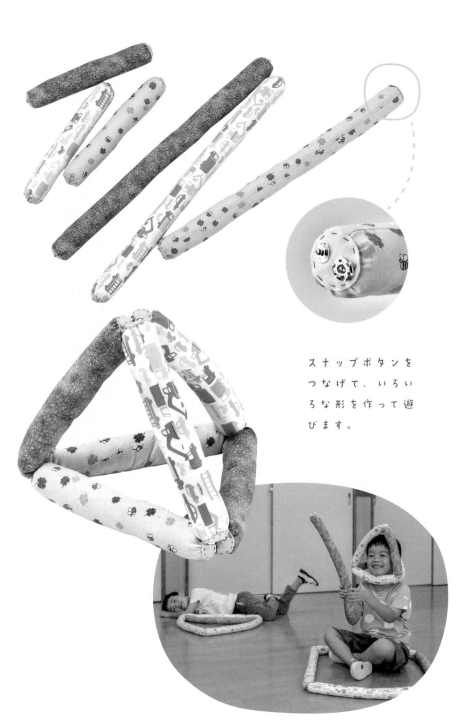

スナップボタンを
つなげて、いろい
ろな形を作って遊
びます。

# サンタさんの着せ替えタペストリー

サンタさんの着せ替え遊びができるタペストリーです。着替えた洋服はタンスにペタリ。「帽子はどこかな?」「ズボンはどこかな?」と、声かけをしながら遊んでください。

## 材料

面ファスナーがくっつく布（ベージュ、青、緑）各色適宜、
キルティングなどの厚い生地（40cm×50cm）、
固定用ロープ（40cm）5〜6本、
クローゼット用布（22cm×32cm）、
ポケット用布（9cm×20cm、6cm×20cm）各1枚、
フェルト適宜、面ファスナーのハード面

＊サンタ（おじいさん）の体、パンツ、クローゼットのハンガーは、面ファスナーのハード面がくっつく特殊な布を使って作ります。生地の表面に細かな起毛がある布で、手芸店などで購入できます。

## 作り方

**1** キルティング生地に、クローゼット用布、ポケット用布を縫いつける。さらに、面ファスナーがくっつく布をサンタ（おじいさん）、パンツ、ハンガーの形にそれぞれ切って、縫いつける。

面ファスナーがくっつく布
ポケット用布
クローゼット用布

**2** キルティング生地のまわりを裏側に折って縫い、ロープを縫いつける。

**3** フェルトを帽子、ひげ、服、ズボン、くつなどの形に2枚ずつ切り、それぞれ1枚に面ファスナーを縫いつける。もう1枚には、刺しゅうなどで飾りをつける。

おもて　　うら

**4** 3の何もついてない面を2枚重ねて縫い合わせる。コートのすその飾りなどは、フェルトを切って貼るか縫いつける。

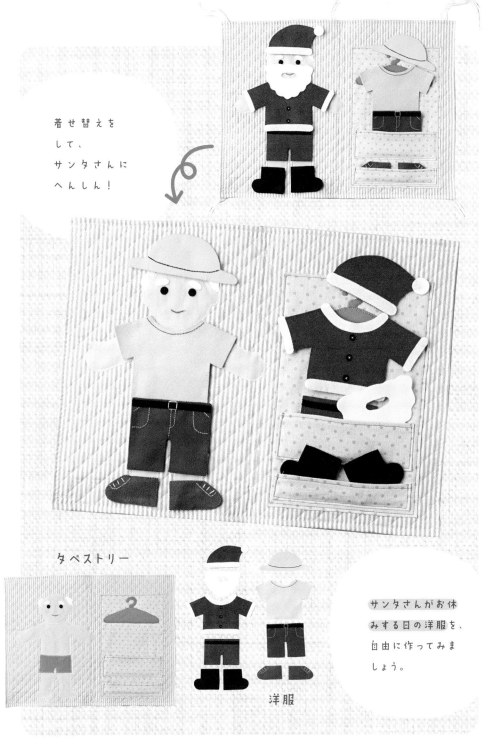

着せ替えを
して、
サンタさんに
へんしん！

タペストリー

洋服

サンタさんがお休
みする日の洋服を、
自由に作ってみま
しょう。

71

# クリスマスツリーの棒通し

発達段階や年齢に合わせて楽しめるツリー型の棒通しです。棒も布製なので、安全に遊べます。小さい子は5つの中から「一番大きいもの」を選ぶことは難しいので、2～3個に数を減らして「大きいのはどっち?」と声をかけるといいでしょう。リングを腕にはめたり、頭にのせるだけでも楽しめます。

つぎは
どっちかな

## 材料

緑色系でクリスマス柄の布、こげ茶色の布、
手芸用綿、フェルト(黄色)

## リングのサイズ

| 外直径 | 18cm | 16cm | 14cm | 12cm | 10cm |
|---|---|---|---|---|---|
| (内直径) | (7cm) | (6cm) | (5cm) | (4cm) | (3cm) |

## リング

### 作り方

1 緑色系でクリスマス柄の布をリングの形に切る(5サイズ・2枚ずつ)。

2 1を中表に合わせ、1か所を切る。外周、内周それぞれ5mm内側を縫う。

3 2を裏返して、手芸用綿を詰める。

4 縫いとじる。

## 棒

### 作り方

1 こげ茶色の布を、半径24cm・90度の扇形に切る。

2 1を中表にしてふたつに折って縫う。

3 裏返して手芸用綿を詰める。

4 ぐるっと並縫いし、糸を引きしぼって縫いしろを内側に入れてとじる。
＊フェルトでふたをすると、より安定して立つようになります。

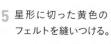

5 星形に切った黄色のフェルトを縫いつける。

大きいリングから
順番に木にはめて、
クリスマスツリー
を作って遊びます。

# クリスマスの絵合わせカード

同じ絵柄を2枚ずつ作るのがポイントです。はじめは裏返しておき、めくって絵合わせをして遊びましょう。小さな子には表向きで並べ「同じのはどれかな?」とか「お星さま、どーこだ?」など、カルタ遊びのようにしても楽しめます。ボタンとひもをつなげて飾ったり、すごろく遊びをすることもできます。保育室の中に隠して、宝探しゲームをするのも楽しそうですね。

## 材料

赤フェルト(8cm角)40枚、ボタン20個、ひも20本、フェルト(アップリケ用)
*フェルトは洗えるウオッシャブルフェルトがおすすめです。

## 作り方

**1** クリスマスにちなんだモチーフを、フェルトで10種2組ずつ作る。

**2** 1を赤フェルト20枚にそれぞれ縫いつける。その下にボタンを縫いつける。

**3** 残りの赤フェルト20枚に、同じ柄を刺しゅうする。

**4** 2と3に輪にしたひもをはさんで、縫い合わせる。
*ひもはボタンと反対側につけます。

### 絵柄の例

星・クリスマスツリー・雪だるまなど、いろいろな絵柄で作ってみましょう。

74

ボタンとひもをつ
なげると、クリス
マスツリーの飾り
にもなります。

# 絵合わせミトン

絵合わせ遊びができるミトン型のおもちゃです。自分の両手にはめて遊ぶのはもちろん、バラバラにはめて絵柄の合う友達探しをしてもいいでしょう。さあ、だれとピッタンコできるかな?

**材料**

フェルト適宜

**作り方**

**1** フェルトで、サカナ、イチゴ、おにぎりなどアップリケにする絵柄を作り、半分に切る。

**2** ミトン型に切ったフェルト4枚のうち2枚に、**1**をそれぞれアップリケする(左右・裏表を間違えないように注意)。

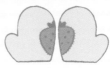

**3** フェルトを縫い合わせてミトンに仕上げる。

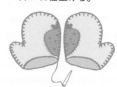

イチゴ

ピッタンコ！

サカナ

おにぎり

# 引っぱりタペストリー

赤ちゃんは、小さなものに興味津々。そこで、小さなボタンやビーズなどをつまんで遊ぶおもちゃを作りました。引っぱりきったら、裏返して遊んでもいいでしょう。裏にロープをつけておくと、ベビーベッドや柵などに結びつけることもできます。

## 材料

キルティング生地（30cm×40cmくらい 市販のランチマットで代用してもOK）、
ボタン・ビーズ・リングなど各2個、細くて丈夫なひも・布テープなど適宜、
固定用ロープ（40cm）6本、バイアステープ

## 作り方

1 キルティング生地のまわりをバイアステープでくるんで縫う。

2 1の裏面に、ロープ6本を半分に折って縫いつける。

3 1のキルティング生地に、ひも用の穴を目打ちであける。布テープを通すところは、切り込みを入れる。

4 ボタン（ビーズ）1個に、ひもを通してから、ひもの両端を揃えて穴に通す。ひものもう一方にボタン（ビーズ）を通し、ひもの両端を揃えて固く結ぶ。布テープをリングの切り込みに通してから、布テープの両端に縫いとめる。

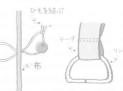

5 数か所にボタンやテープをつけて完成。

＊材料は丈夫なものを使用し、ボタンがとれたりひもがほどけたりしないように、しっかり結びましょう。破損した状態で使わないように、遊ぶ前に点検を忘れずに。

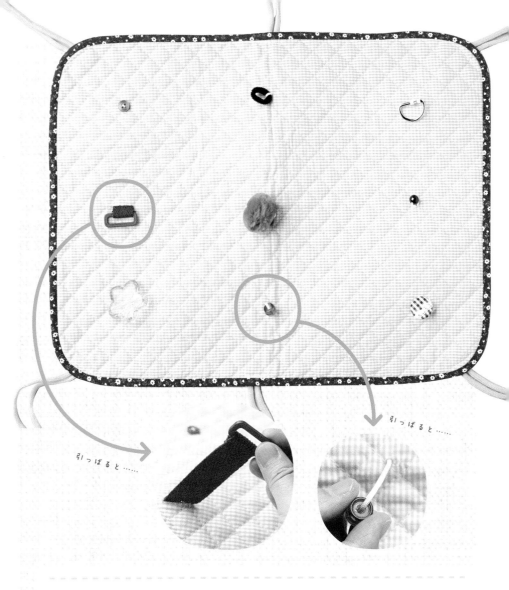

引っぱると……

引っぱると……

## 好奇心を満たす活動を

小さな部品を使ったおもちゃは、誤飲・窒息の危険性があるので注意が必要ですが、
だからといって3歳以上になるまで一切ふれさせなければいいというわけではありません。
手指の発達には、小さなものをつまんだり引っぱったりする経験が必要です。「子どもが
いつでも自由に遊べるおもちゃ」と「大人の見守りのもとで遊ぶおもちゃ」を、それぞれの
場面に応じて使い分け、子どもの好奇心を満たす活動にしたいものです。

著者（プラン・制作）**さとうゆきこ**（ゆっこせんせい）

布おもちゃ作家。一般社団法人布育普及協会代表理事。
保育園に約12年勤務したのち、保育者の目線と育児経験をもとに、オリジナルの布おもちゃを制作。布おもちゃを作るだけでなく、成長・発達に寄り添った遊びの提案をするために【布育（ぬのいく）】の理念に至る。保育者を対象にしたセミナーや子育て中のお母さんお父さんを対象にした「布おもちゃ講座」で講師として活躍している。夢は、日本中の保育室を布おもちゃでいっぱいにすること！
**布育普及協会 https://nunoiku.com/**

**アートディレクション** 石倉ヒロユキ（レジア）
**デザイン** 和田美沙季、上條美来、小池佳代（レジア）
**イラスト** 星野はるか、marupon
**撮影** 藤田修平、茶山 浩
**執筆・編集** 田辺泰彦
**校正** 松井正宏
**担当編集** 阿部忠彦（小学館）

**撮影協力** 小学館アカデミーひきふね駅前保育園、小学館アカデミー茗荷谷保育園、
社会福祉法人造恵会 めぐみ第二保育園
**モデル** ゆめちゃん、神田千種、佐塚美羽

＊ 本書は、増刊『0・1・2歳児の保育』（2016夏、2017早春、2019秋冬、2020秋冬、2021春、2021秋冬）、『新 幼児と保育』（2017〜2018年12／1月号、2018〜2019年12／1月号）に掲載された記事に加筆し、再構成したものです。
＊ 本書に掲載された作品を、商用利用を目的として販売することはできません。私用の範囲でお使いください。
＊「布育」は一般社団法人布育普及協会の登録商標です。無断で営利目的の活動や商品に使用することはできません。

新 幼児と保育BOOK　心が落ち着く、遊びが広がる

# ゆっこせんせいのかんたん手作り布おもちゃ〜布育のすすめ

2023年10月30日　初版第1刷発行

発行人　杉本 隆
発行所　株式会社 小学館
　　　　〒101-8001 東京都千代田区一ツ橋2-3-1
編集　　03-3230-5686
販売　　03-5281-3555
印刷所　TOPPAN株式会社
製本所　牧製本印刷株式会社

© Yukiko Sato 2023
Printed in Japan
ISBN 978-4-09-840235-9

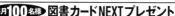